KB189327

최
상
의 행
복

최
상
의 행
복

중앙승가대학교 총장 원종 스님이 가려뽑은
시가 되는 경전 구절

불광출판사

자비의 소리는
귀한 보배가 가득 들어있는 창고와 같다.

바다가 수많은 보배를 간직하고
히말라야가 귀한 약의 본고장인 것처럼
자비의 소리는
빈곤함을 벗어나는 값진 보배이며
어리석음을 치유하는 좋은 약이다.

인생을 성공으로 이끄는 좋은 사다리다.

머리 깎고 산문에 들어온 지 어느덧 40여 년의
세월이 흘렀다. 그 동안 불교를 익히고
공부하는 과정에서 경전을 외고 기도와
참선 수행을 하며 정진했다. 그 공부들은
영혼을 깨우는 시(詩)처럼, 순간순간 마음에
깊이 새겨지기도 하고 오래도록 잊히지
않고 기억에 남기도 하였다.
언제부터인지 불교의 핵심 가르침을
누구에겐가 전해주고 싶은 마음이 들었다.
가슴을 울리는 경전 구절을 조금씩 모으고
정리하다 보니 그 양이 적지 않음을 알았다.
어떻게 할까 생각하다가, 가까운 지인들에게
매일 한 편씩 골라 휴대폰 문자를 발송하기
시작했다.
뜻밖에도 문자를 받아보신 분들이 많이
좋아해주셨다. 어떤 분은 문자 내용을
사무실에 써붙여 놓았다고도 하고,
어떤 분은 자신이 가입한 밴드에 올려
회원들과 함께 마음을 나눈다고도 했다.
이러한 말을 듣고 힘을 얻은 나는 더 많은
분들에게 보내게 되었다.

이렇게 시작한 것이 〈자비의 소리〉
문자메시지이다. 벌써 5년 넘게 지속하고
있는 동안 차곡차곡 쌓인 〈자비의 소리〉
원고를 정리하여 책으로 엮게 되었다.
이 책을 통해 인연 있는 많은 분들이
불보살님들의 간곡한 당부를 배우고 익히기
바란다. 더 나아가 그 가르침을 토대로 수행의
마음을 내어, 더불어 함께 사는 이웃들에게
사랑받고 존경받는 부처님의 제자가
되었으면 한다.

매일 자비의 소리를 수행하면
불보살님들의 칭찬을 받고
선지식들의 보호를 받게 된다.

또한 번뇌의 쇠사슬을 끊고
온갖 지혜를 갖춘 경지에 오르게 되며
모든 이치와 신통을 구족하게 된다.

2020년 여름이 오는 길목에서
웅산 원종 합장

1
장

영원한 것은 없다

다른 이를 존중하고
스스로 겸손하며
만족할 줄 알고
은혜를 생각하며
시간이 있을 때면
가르침을 듣는 삶,
이것이 최상의 행복이다.

청정한 행을 닦아
불멸의 진리를 깨닫고
마침내 열반을 이룰 수 있으면
이것이 인간에게 최상의 행복이다.

1장

영원한 것은 없다

선 악 의
열 매 가
무 르 익 으 면

악의 열매가 무르익기 전에는
악한 사람도 복을 받을 수 있다.
그러나 악의 열매가 무르익으면
악한 사람은 죄를 받게 된다.

선의 열매가 무르익기 전에는
착한 사람도 화를 만날 수 있다.
그러나 선의 열매가 무르익으면
착한 사람은 복을 받게 된다.

—『법구경』

사 람 의
욕 망

욕심이 많은 사람은
과도한 이익을 추구함으로써
괴로움 또한 많아진다.

설령 황금이 소나기처럼 쏟아질지라도
사람의 욕망을 다 채울 수는 없다.

사람의 욕망은 고정불변하는 것이 아니라
상황에 따라 끊임없이 변하기 때문이다.

　　― 『범망경』

잡 초 가
무 성 하 면

잡초가 무성하면 밭을 망치게 된다.

이 세상 사람들은
애욕, 분노, 집착, 욕심으로 인하여 해를 입는다.

마치 잡초가 무성하여 밭을 망쳐버리듯이.

—『법구경』

깨끗함과
더러움

보통 사람들은
깨끗함과 더러움에 차별을 둔다.

그러나 사물의 본성은
본래 깨끗한 것도 더러운 것도 아니다.

우리의 마음이 집착하기 때문에
깨끗한 것을 가까이하고
더러운 것을 멀리하려고 한다.

집착하는 마음(편견)을 여의면
존재하는 모든 것은
깨끗한 것도 더러운 것도 아니다.

　―『대품반야경』

마 음 의
모 양

마음은 참으로 미묘하다.
바람과 같아서 붙잡을 수도 없고
모양이 없어서 보이지도 않는다.

흐르는 강물과 같아서
멈추지도 않고
불꽃과 같아서
인연이 닿으면 타오르기도 한다.

마음은 또한 번개와 같아서
잠시도 머무르지 않고
순간순간 변화무쌍하다.

　　―『범망경』

덧 없 는
생 각

마음이 넉넉하고 안락함을 얻으려면
덧없는 생각들을 끊어야 한다.

육신에 집착하는 것,
좋고 나쁜 감정에 매달리는 것,
보고 느낀 생각들이 덧없는 것이다.

그리고 자기중심적으로
사물을 판단하는 것이 덧없는 것이다.

　　―『잡아함경』

원 수

원수를 갚고자 한다면
먼저 번뇌를 없애야 한다.
번뇌는 몸을 해치는 근본이다.

이 세상의 원수는
이 한 몸을 해칠 뿐이지만
번뇌는 진리마저 해치게 된다.

그러므로 원한과 원수의 원인은
바로 번뇌에 있다.

　　―『아함경』

하 루 를
살 더 라 도

백 년을 산다 하더라도
위 없는 진리를 만나지 못한다면
진리를 만난 사람이
하루를 사는 것만 못하다.

계율을 지니지 않고
백 년을 산다 하더라도
계율을 지니고
하루를 사는 것만 못하다.

—『법구경』

행 동

태어날 때부터
천하고 귀한 사람이 정해진 것은 아니다.

농사를 지으면 농부가 되는 것이고,
고기를 잡으면 어부가 되는 것이다.

종이에 향을 싸면 향내가 나고
생선을 싸면 비린내가 난다.

오로지 그 사람의 행동에 따라
천한 사람도 귀한 사람도 될 수 있다.

─『유행경』

오 고
가 는
인 연

옛것을 너무 좋아하지도 말고
새것에 너무 매혹되지도 말라.

그리고 사라져가는 것에 대하여
너무 슬퍼하지도 말고
잡아끄는 자에게 사로잡히지도 말라.

오는 사람을 거부하지도 말고
가는 사람을 붙잡지도 말라.

　―『숫타니파타』

세 월 의
무 상

해가 뜨고 지는 것은
세월을 재촉하는 것이요,
달이 뜨고 지는 것은
우리를 늙음으로 이끌어가는 것이다.

명예욕과 탐욕은
아침 이슬과 같고
고통과 번민,
영화와 출세는
저녁 무렵의 연기와 같다.

　─『자경문』

불 변 의
진 리

농부가 밭에 콩 종자를 심으면
가을에 콩을 수확하고
고추를 심으면 고추를 수확한다.

그렇듯 검은 업을 지으면 검은 과보를 받고
흰 업을 지으면 흰 과보를 받는다.

이것은 우리가 사는 사바세계에 펼쳐지는
불변의 진리다.

　　—『범망경』

때 를
놓 치 지
말 라

나무가 고요하고자 하나
바람은 멈추지 않고
자식이 효도하고자 하나
부모는 기다려주지 않는다.

목숨은 죽음을 향해 내달리니
나중에 후회해도 아무런 소용이 없다.

그러므로 때를 놓치지 말고
부지런히 정진해야 한다.

　　　―『범망경』

진 정 한
아 름 다 움

얼굴과 몸매가 아름답고
화려한 옷으로 치장하는 것은
진정한 아름다움이 아니다.

배려하고 베풀며
더불어 하려는 마음이
진정한 아름다움이다.

―『범망경』

죽 음 을
두 려 워 한 다 면

만들어진 것은
잠시 머물렀다가 쇠하여 없어지고,
만남의 인연은
머지않아 헤어지게 되며,
사람은 늙어 병들면
죽지 않을 수 없다.

그러므로 죽음의 두려움을 벗어나고자 한다면
빨리 아라한의 경지에 들어가야 한다.

　　　—『보현행원품』

마 음 의
병

흔히 사람들은 육신을
'나' 또는 '내 것'이라고 생각한다.

그러나 현명한 사람들은 육신을
'나'라고 여기지 않는다.

따라서 육신이 변모하고 쇠잔해도
근심과 번뇌와 고통을 일으키지 않는다.

이것을 일러
'마음에 병이 없다'고 한다.

　　―『증일아함경』

바 람 과
물

마음은 바람과 같다.
손으로 잡을 수도 없으며
눈으로 그 모습을 볼 수도 없다.

마음은 흐르는 물과 같다.
머무는 일 없이 태어났다가
곧 사라져버린다.

　―『대보적경』

042

사 람 이
사 람 에 게

사람은 사람을 구속하며
사람은 사람을 의존한다.

사람은 사람에게 해를 입히고
사람은 사람으로부터 해를 당한다.

내가 어려울 때 도움을 받기도 하고
어려운 사람을 내가 도와주기도 한다.

그러나 도움을 받는 사람이
도리어 도움 준 사람을 해치기도 한다.

　—『장로게경』

현 실 과
마 음

바깥의 현실만 맹종하는 것은
목마른 사슴이 아지랑이가 물인 줄 알고
찾아가는 것과 같다.

안의 마음만 고집하는 것은
원숭이가 물에 비친 달을
붙잡으려는 것과 같다.

현실과 마음이 비록 다르다 할지라도
어느 한 쪽에만 집착하면 병이 된다.

— 『선가귀감』

상 처

가시에 찔린 상처는 작지만
탐욕과 성냄에 찔린 상처는
깊고도 예리하다.

가시에 찔린 상처는 쉽게 아물지만
탐욕과 성냄에 찔린 상처는
몇 겁이 지나도록 낫지 않고
한량없는 세상의 몸에까지 미친다.

　　─『대장엄론경』

마음의
변화

사람의 마음은 생각하는 쪽으로
기울어지기 쉽다.

탐욕을 생각하면
탐욕스러운 마음이 일어나고,
노여움을 생각하면
노여워하는 마음이 일어나며,
어리석음을 생각하면
어리석은 마음이 일어난다.

생각을 어떻게 하느냐에 따라
마음은 무궁무진하게 변화한다.

　　―『잡아함경』

공양과
존경

이것저것 세속의 일에 힘쓰지 말고
자질구레한 인연을 억지로 만들지 말라.

참된 수행자는 사람들로부터 받는
공양과 존경에 초연하다.

날카로운 화살은 뽑아내기 힘들다.
그와 마찬가지로 평범한 사람은
남에게 받는 존경으로부터 초연하기 힘들다.

　—『장로게경』

작 은
악

작은 물방울이 모여
큰 그릇을 채우는 것처럼
모든 것은 조그마한 것으로부터 시작한다.

작은 불씨 하나가 산천을 태우고
바늘도둑이 소도둑 되듯이
작은 악이라고 하여 가볍게 여긴다면
반드시 악의 과보를 받으리라.

　—『범망경』

수 행 자 의
태 도

많이 외운다고 이익될 것이 없으며
잘 외운다고 훌륭한 것도 아니다.

목동이 주인의 소를 아무리 많이 헤아려도
자기 소는 한 마리도 없는 것과 같다.

적거나 많거나 외우고 익혀
법대로 살아가는 것이
가장 훌륭한 수행자의 태도다.

　―『증일아함경』

영혼의
자유

사바세계는 욕망의 불꽃이 매우 강해
욕망을 버리는 것은 쉬운 일이 아니다.

그러므로 생존의 쾌락에 갇혀있는 사람이
영혼의 자유를 얻는 것은 매우 어렵다.

진정한 영혼의 자유는
남이 줄 수 있는 것이 아니라
스스로 참회하고 정진해서
체득해야 하기 때문이다.

―『범망경』

영 원 한
것 은
없 다

세상에 태어난 모든 생명체는
때가 되면 죽음으로 돌아간다.

수명은 비록 길고 짧을지라도
반드시 생명이 다할 때가 있다.
이루어진 것은 반드시 허물어지고
뭉쳐진 것은 반드시 흩어질 때가 있다.

이 세상은 이토록 덧없는 것이므로
이 세상에 살고 있는
모든 존재에게 영원함이란 없다.

—『열반경』

2장

삶이 아름다운 것은 죽음 때문이다

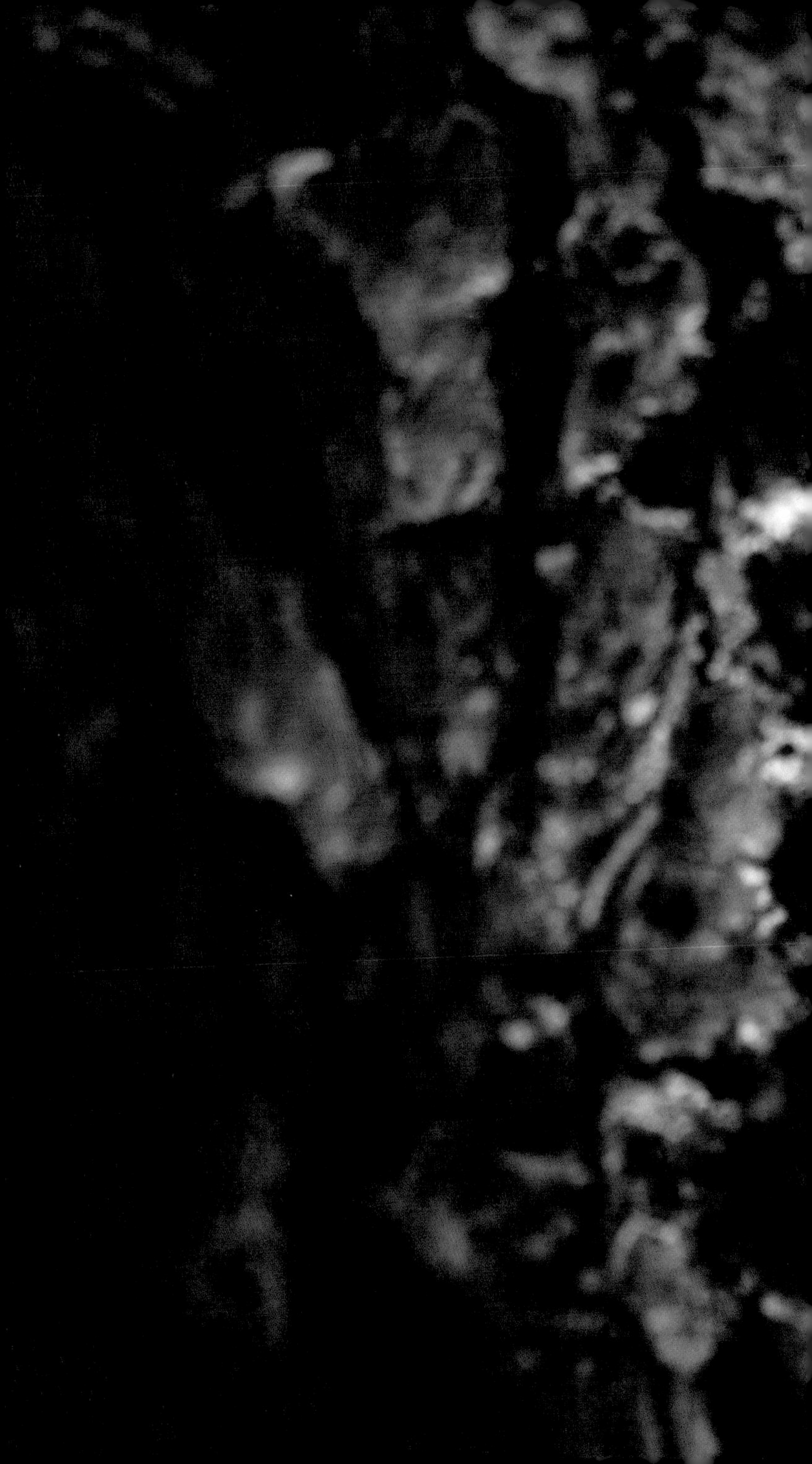

세 속 의
애 욕

그 누군들 산 속에 들어가
도를 닦고 싶은 마음이 없겠는가.

그러나 산 속에 들어가
도를 닦지 못하는 것은
세속의 애욕에 얽혀있기 때문이다.

비록 산 속에 들어가
마음을 닦지 못한다 하더라도
늘 부지런히 선행(善行)을 버리지 말아야 한다.

　―『발심수행장』

현 재 를
살 라

가는 것을 잡지 말고
오는 것을 막지 말라.

과거를 돌아보지 말고
미래를 넘보지도 말라.

과거는 이미 지나가버렸고
미래는 아직 오지 않았다.

다만 현재의 현상을
바로 여기에서 바라보라.

　　—『맛지마 니까야』

만 족 을
아 는
사 람

만약 모든 고뇌에서 벗어나고자 한다면
만족을 알아야 한다.

그러나 만족을 모르는 사람은
설사 천상에 있을지라도 흡족하지 못하고
부유한 것 같지만 사실은 가난하다.

만족을 아는 사람은
가난한 것 같지만 사실은 부유하다.

　—『유교경』

칭 찬 과
비 방

만약 갖가지 방법을 동원해
우리를 헐뜯고 비방한다고 해서
우리 역시 분노로써 그들을 해치려 한다면
그것은 그들에게 지는 것이다.

또한 그들이 우리를 칭찬한다고 해서
기뻐해서도 안 된다.

괜한 칭찬에 마음이 들뜨는 것도
우리가 그들에게 지는 것이다.

　　―『잡아함경』

몸 과
마 음

밥을 먹을 때는
몸과 마음 전체가
모두 밥이 되어
밥을 먹어야 한다.

이런 식으로 삶의 순간순간에
몸과 마음 전체를 집중하게 되면
달리 명상이 따로 없고 수행이 따로 없다.

—『십이시법어』

장 애

공부하는 데 장애 없기를 바라지 말라.
장애가 없으면 배움을 건너뛰게 되니
장애 속에서 해탈을 얻을 수 있다.

장애가 클수록 복의 힘이 커지고
더 큰 공부를 이루게 된다.

　　　―『보왕삼매론』

좋은
사 람

겉모습이 보기 좋다고
다 좋은 사람은 아니다.

뜻이 청정하고 행동이 바르며
나와 남이 함께 이롭도록
실천하는 사람이 좋은 사람이다.

괜히 겉모습만 꾸미지 말고
겉모습을 가지고 사람을 평가하지도 말라.

　—『대반열반경』

열 린
삶

의심은 분노를 일으키게 하는 근본 요인이다.
사이를 떼어놓는 독이고
서로의 생명을 해치는 칼날이며
서로의 마음을 괴롭게 한다.

오로지 청정심으로
몸과 마음이 열린 삶만이
신뢰를 쌓을 수 있다.

　—『아함경』

몸 과
마 음

비록 몸에 병이 있을지라도
마음까지 병들게 하지 말라.

몸은 수레와 같고
마음은 운전사와 같다.

부서진 수레는
새 수레로 바꿔 타면 되지만
운전사가 병이 들면
어떤 수레도 잘 탈 수 없다.

　　—『법망경』

애 정 의
갈 증

모든 중생은 음욕 때문에 생사에 윤회한다.
음욕은 애정을 일으키고
애정은 생사를 일으킨다.

상대방이 사랑하는 마음을 거스르면
미움과 질투를 일으켜 온갖 악업을 짓는다.

그러므로 생사의 괴로운 윤회에서 벗어나려면
먼저 음욕을 끊고 애정의 갈증에서 벗어나야 한다.

　─『원각경』

절 제 의
힘

술에 취해 밤과 낮을 알지 못하고
비틀거리는 사람은
자신의 생명 뿌리를 마구 파헤치는 것이다.

절제할 줄 모르는 것은 죄악이다.
그러므로 탐욕과 어리석음으로 말미암아
기나긴 고통을 받지 않도록 해야 한다.

　　―『법구경』

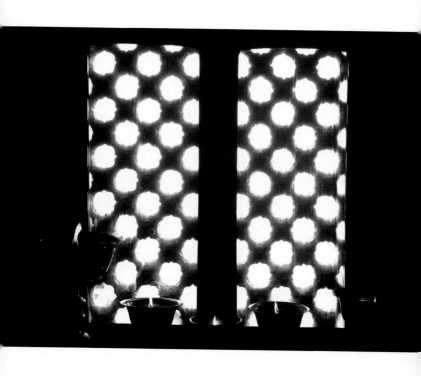

악 한
사 람 을
멀 리 하 라

훌륭한 친구를 만나게 되면
자신의 고집을 버릴 것이며,
훌륭한 친구를 만나지 못한다면
코끼리가 홀로 들판을 거니는 것처럼
혼자서 선행을 하라.

훌륭한 사람을 만나지 못한다면
굳은 마음으로 혼자 살아가라.
악한 사람과는 절대로 가까이하지 말라.

　─『중아함경』

가 르 침 과
실 천

아무리 훌륭한 가르침이라도
받들어 실천하는 사람이 없으면
이 세상과는 무관하다.

장님이 횃불을 들어
다른 사람들의 어둠을 비추더라도
자기는 볼 수 없는 것처럼,
목동이 주인의 소를 아무리 많이 헤아려도
자기의 소는 한 마리도 없는 것처럼,
훌륭한 가르침도 후학들의 실천이 있어야
세상에 도움이 되느니라.

—『범망경』

많 은
재 산

어리석은 사람은
고생하여 많은 재산을 모아도
자신은 쓰지 못하고
남에게 베풀지도 못하며
스스로 잃어버리고 만다.

지혜로운 사람은
많은 재산을 얻으면
자신과 가족을 위해 쓸 줄도 알고
널리 보시하여 공덕을 짓는다.

　―『범망경』

왕 의
과 보

왕이 칼을 함부로 휘두르고 무리하게 채찍을 쓰면
명예도 떨어지고 목숨도 잃으며
이 세상을 벗어나도 나쁜 세계로 가게 된다.

만일 왕이 성인의 말씀을 좋아하고
말과 뜻과 행동이 고요하고 평온하게 안정될 때는
이 세상과 저 세상을 무사히 건너게 된다.

　　―『본생경』

몸 집 만
큰
늙 은 수 소

부서진 수레는 갈 수 없고
늙으면 정진하고 수행할 수 없으니
마땅히 힘써 배우고 익혀
괴로움을 없애야 하느니라.

배우지 않고 알지도 못하고
늙어버리면
몸집만 큰 늙은 수소처럼
복도 지혜도 없느니라.

　—『범망경』

누 가
화 살 을
맞 는 가 ?

입은 재앙을 끌어들이는 문이 되고
몸은 화를 불러들이는 원인이 된다.

자주 날아다니는 새는
그물에 걸리는 화를 당하기 쉽고,
가벼이 날뛰는 짐승은
화살에 맞을 가능성이 있다.

그러므로 말을 가려서 하고
행동을 조심해야 한다.

　　—『자경문』

남 의
마 음 을
상 하 게 하 면

남의 마음을 상하게 하지 말라.
남의 마음을 상하지 않게 하려면
남의 생활을 침해하지 말고
남의 감정을 상하게 하지 말며
남의 생각을 지나치게 간섭하지 말라.

남의 마음을 상하게 하면
훗날 내 마음이 상하는 아픔으로
되돌아오기 때문이다.

　　─『법구경』

말

남의 나쁜 말을 전하지 말고
남의 뜻을 상하게 하지 말며
듣지 않은 것을 들었다 하지 말며
보지 않은 것을 보았다고 말하지 말라.

악한 말은 자기도 해롭고
남에게도 해를 입히므로
피차가 다 해로운 것이다.

그러나 착한 말을 닦아 익히면
자기도 이롭고 남도 이로워서
피차가 다 이로운 것이다.

　　―『대장엄론경』

선 과
악

사람들은 열 가지 일로써
선을 이루기도 하고 악을 이루기도 한다.

몸의 세 가지는
산 목숨을 죽이는 것,
남의 물건을 훔치는 것,
음란한 짓이다.

말의 네 가지는
거짓말, 이간질, 악담, 꾸미는 말이다.

생각의 세 가지는
탐욕과 성냄과 어리석음이다.

이와 같은 열 가지 업을 짓지 않으면
곧 열 가지 착한 일이 될 것이다.

　—『사십이장경』

세 월 의
속 도

시간을 헛되이 보내지 말라.
세월은 밤낮을 가리지 않고 흘러간다.

잠깐 사이에 소년이 장년이 되고
검은머리가 흰머리로 변하느니라.

세월(사람의 목숨)은
꿈처럼 물거품처럼 번개처럼
빠르게 흘러가느니라.

　—『범망경』

스 승 이
제 자 에 게

스승이 제자를 보살피는 데
다섯 가지가 있다.
법에 따라 제자를 보살펴야 하며
그가 듣지 못한 것을 가르쳐주고
묻는 바를 알게 해줄 것이며
착한 것을 보여주고
아는 것을 다 가르쳐주어
인색하지 않아야 한다.

　―『선생경』

제 자 가
스 승 에 게

제자가 스승을 공경하고 받드는 데
다섯 가지가 있다.
스승이 필요한 것을 알아서 챙기고
예경하고 공양해야 하며
존중하고 우러러 받들고
스승의 가르침이 있으면 어김이 없어야 하며
스승의 가르침을 듣고 잘 지녀 잊지 않는 것이다.

　　―『선생경』

타 인 의
허 물

함부로 다른 사람의 허물을 말하지 말라.
언젠가는 반드시 나에게로 되돌아와
나를 다치게 할 것이다.

만일 다른 사람을 비방하는 소리를 듣게 되면
마치 나의 부모를 헐뜯는 것처럼 여겨야 한다.

오늘 아침엔 다른 사람의 허물을 말했지만
내일엔 반드시 나의 허물을 말할 것이다.

　　—『자경문』

보물이
감춰진
곳

나의 결점을 지적하고 잘못을 가르쳐주는
현명한 사람을 만나거든
그 사람을 따르라.

그는 나에게 보물이 감춰진 곳을
일러 주는 사람이니
그와 같은 사람을 따르게 되면
좋은 일이 계속되리라.

　─『법구경』

삶 이
아 름 다 운
것 은

살아있을 때는
삶, 이 자체가 되어 살아가야 한다.

죽을 때는
죽음, 그 자체가 되어 죽어야 한다.

그렇게 되면 이제
그 어떤 두려움이나 불안한 마음도 없게 된다.

삶이 아름다운 것은
죽음이 있기 때문이다.

　―『벽암록』

3장

꽃과 독사

다음 생은
어찌할
것인가

하루하루가 흐르고
한 해 두 해가 흘러
어느덧 죽음의 문턱에 이르게 된다.

부서진 수레는 갈 수 없고
노인은 닦기 어렵다.
그런데도 누워서 갖가지
잡념과 게으름을 피운다.

닦은 공덕이 얼마나 있기에
이토록 허송세월을 하고 있는가.
다음 생은 어찌할 것인가.
서둘지어다, 그대!

　　―『발심수행장』

모 든
병 의
근 본

욕심과 분노와 어리석음과 거만함은
마치 독화살과 같아
모든 병을 일으키는 근본이 된다.

또한 밖에서 오는 독화살은
막을 수 있지만
안으로부터 오는 독화살은
막을 수 없다.

　——『아함경』

괴 로 움 의
뿌 리

탐욕은 모든 속박의 시작이자
괴로움의 뿌리다.

탐욕이 없는 사람에게는
마음의 고통이 존재하지 않는다.

진실로 속박에서 벗어난 사람은
모든 공포를 초월한다.
감옥에서 풀려난 죄수처럼,
불타오르는 집에서
무사히 빠져나온 사람처럼.

탐욕은 모든 속박의 시작이자
괴로움의 뿌리다.

—『범망경』

억 울 함

억울함을 당해서
굳이 밝히려고 하지 말라.

억울함을 밝히려면
원망하는 마음이 생기게 되니,
억울함을 당하는 것으로써
수행의 문을 삼아야 한다.

이와 같이 막히는 데서
도리어 통하는 것이요,
통함을 구하려다가
도리어 막히는 것이다.
그래서 "장애 가운데서 해탈의 도를 얻으라" 했다.

　　―『보왕삼매론』

욕 설

타인을 욕함으로써
자신의 입을 더럽히지 말라.
남을 해치려 한 말은
반드시 자신에게 돌아오는 법이다.

그 돌아오는 말이 험하면 험할수록
본인도 더욱 심한 말로 되갚으려 한다.
그러면 주고받음이 끝이 없게 된다.

만약 자기 자신을 억제할 수 없다면
입에 자물쇠를 채우라.
욕설은 타인을 해치려고 하는 말이지만
도리어 자신을 해치고 만다.

—『범망경』

마음의
잡풀

잡풀을 제거하지 않으면
낟알이 잘 여문 벼를 수확하지 못하듯
사람이 악한 생각을 버리지 않으면
도를 얻지 못한다.
성냄이 있으면 모든 것이 가시덤불이 된다.

　　—『아함경』

으뜸가는
재 산

이 세상에서 으뜸가는 재산은 믿음이다.
믿음이 있어야 물러남이 없는 정진을 하게 된다.
부지런한 정진은 번뇌의 사슬을 끊게 하고
비로소 지혜가 일어나 도업을 이룰 수 있다.

―『범망경』

원 망 하 는
마 음

바람과 마주하여 먼지를 털면
그 먼지가 다시 자신에게 돌아오듯
미움을 미움으로 대하면
그 미움은 반드시 자신에게 돌아온다.

누군가를 미워하는 사람이나
미움을 미움으로 대하는 사람은
그 누구든 재앙을 벗어나지 못한다.
그러므로 원망을 원망으로 갚지 말라.
그것이 원수를 항복 받을 수 있는 유일한 길이다.

　—『잡아함경』

달을
건지려는
어린아이

철없는 아이가
물에 비친 달을
건지려 하는 것을 보고
어른은 웃는다.

무지한 사람은
달을 건지려는 어린아이와 같다.

그는 이 모든 것을 영원한 실재라고 생각하며
자기 자신은 언제나 늙지도 않고
변하지도 않을 것처럼 착각하고 있다.

　—『대지도론』

자 비 와
인 욕

누가 와서 해롭게 하더라도
마음을 거두어 화내거나 원망하지 말아야 한다.
한 생각이 불끈 치솟아오를 때
온갖 장애가 일어난다.

번뇌가 비록 한량없지만
화내는 것은 그보다 열 배, 백 배, 천 배 더하다.
『열반경』에 이르기를
"창과 칼로 찌르거나 향수와 약을 발라 주더라도
두 가지에 다 무심하라"고 하였다.

수행자가 화내는 것은
흰 구름 속에서 번갯불이 번쩍이는 것과 같다.
참을성이 없다면 보살의 행도 이루어질 수 없다.
수행의 길은 끝이 없지만 자비와 인욕이 근본이다.

　　─『선가귀감』

나 누 면
남 는 다

어느 사람이 대중을 향하여 물었다.

"작은 솥 하나에 떡을 찌면
세 명이 먹기도 부족합니다.
그러나 천 명이 먹으면 남습니다.
그 이유를 아시는 분?"

아무도 답을 하지 못했다.
그때 멀리 서 있던 노스님이 말했다.

"서로 다투면 모자라고 나누면 남지요."

—『송고승전』

드 러 나 면
아 름 다 운
것

세상에는 덮어두면 아름답고
드러나면 아름답지 못한 세 가지 일이 있다.

첫째는 여자다.
여자는 덮어두면 아름답고
드러내면 묘하지 않다.

둘째는 바라문의 주술이다.
바라문의 주술을 덮어두면 아름답고
드러내면 묘하지 않다.

셋째는 삿된 소견이다.
삿된 소견은 덮어두면 아름답고
드러내면 묘하지 않다.

이와는 반대로 드러나면 아름답고
덮어두면 아름답지 못한 세 가지 일이 있다.

첫째는 해와 달이다.
해와 달은 드러나면 아름답고
덮어두면 아름답지 않다.

둘째는 여래의 법이다.
여래의 법은 드러나면 아름답고
덮어두면 아름답지 않다.

셋째는 여래의 말씀이다.
여래의 말씀은 드러나면 아름답고
덮어두면 아름답지 않다.

그러므로 수행자들이여,
여래의 법을 밝게 드러내고
덮어지지 않도록 힘써야 한다.
그대들은 이와 같이 수행해나가야 한다.

　　―『증일아함경』

하 늘 보 다
높 은   것

땅보다 무거운 것은 무엇이고
하늘보다 높은 것은 무엇인가.

바람보다 빠른 것은 무엇이고
온 세상의 풀보다 많은 것은 무엇인가.

계율의 덕은 땅보다 무겁고
교만한 마음은 하늘보다 높다.

과거를 기억함은 바람보다 빠르고
떠오르는 잡념은 풀보다 많다.

　―『잡아함경』

마 음 의
물 결

우리의 마음은
파도치는 물결과 같다.

물결이 출렁일 때는
우리의 얼굴이나 모습도 일렁이고
제대로 보이지 않는다.

그러나 물결이 조용해지면
모든 것이 제 모습을 나타낸다.

저 연못이 바람 한 점 없이
고요하고 맑으면
물 밑까지 훤히 보이는 것처럼.

—『화엄경』

천 한
사 람

'천한 사람'에 대하여 이와 같이 말한다.
얼마 안 되는 물건을 탐내어
사람을 죽이고 그 물건을 약탈하는 사람,
증인으로 불려나갔을 때
자신의 이익을 위해서 거짓으로 증언하는 사람,
가진 재산이 넉넉하면서도
늙고 병든 부모를 섬기지 않는 사람,
남의 집에 갔을 때는 융숭한 대접을 받았으면서
상대가 손님으로 왔을 때 예의로써 보답하지 않는 사람,
사실은 성자도 아니면서 성자라고 자칭하는 사람,
그런 사람들은 전 우주의 도둑이다.
그런 사람들이야말로 가장 천한 사람이다.
날 때부터 천한 사람이 되는 것은 아니다.
태어나면서부터 귀한 사람이 되는 것도 아니다.
오로지 자신의 행동에 따라서
천한 사람도 되고 귀한 사람도 되는 것이다.

　　―『숫타니파타』

친 구 와
적

무엇이건 빼앗아가는 사람은
친구가 될 수 없다.
그는 상대방이 자신보다
힘이 강할 때만 같이 움직인다.
또 자신에게 이익되는 일만 한다.

이러한 이유 때문에
무엇이건 빼앗아가는 사람은
적이 되는 사람이다.
그는 결코 친구가 될 수 없는
사람임을 알아야 한다.

　—『아함경』

오 직
참 을
뿐

만일 말로써 옳고 그름을 가리려 하면
한평생을 싸워도 끝나지 않는다.

오직 참는 것만이 진실로 언쟁을 끝낼 수 있다.
이러한 가르침이야말로
세상에서 가장 존귀하다 할 만하다.

　　―『중아함경』

게 으 른
사 람

게으름이란 모든 허물의 근본이다.

세속에 있는 이가 게으르면
의식이 부족하고 가업이 쇠퇴한다.

수행자가 게으르면
생사의 고해를 벗어나지도 못하고
열반의 경지에 이르지도 못한다.

　　—『범망경』

원 망 하 는
말

모든 재앙은 입에서 나온다.
그러므로 원망하는 말을 해서는 안 된다.

맹렬한 불길이 집을 태워버리듯,
말을 삼가지 않으면
이것이 불길이 되어
내 몸을 태우고 만다.

입은 몸을 내려치는 도끼요
몸을 찌르는 날카로운 칼날이다.

　　―『법구경』

사 귐 의
순 결

친구를 사귀되 내가 이롭기를 바라지 말라.
좋은 친구는 부모처럼 여기고
나쁜 친구는 원수를 대하듯 멀리하라.

내가 이롭고자 하면 의리를 상하게 된다.
그러므로 순결로써 사귐을 길게 하라.

　　—『보왕삼매론』

믿음이라는
보물

비록 보물이 없더라도
신심만 있다면 부자라고 할 수 있다.

신심이라는 보물을 가진 이는
세세생생 인간과 하늘 가운데 태어나
무엇이든 원하는 대로 이루고
마음대로 재물을 가질 것이다.
그러므로 신심을 제일가는 보물이라고 한다.

　—『대장엄론경』

신 심 의
공 덕

신심은 도의 근본이요
공덕의 어머니다.

모든 선한 법을 길러내며
의심의 그물을 끊고 애정에서 벗어나
열반의 위 없는 도를 열어보인다.

신심은 더러움이 없어
마음을 깨끗하게 하며 교만을 없앤다.

　—『화엄경』

핑 계 와
게 으 름

이르다, 늦다 핑계 대며
일하기 싫어하고
춥다, 덥다 핑계 대며
게으름 피우면
하는 일마다 하나도 끝맺지 못하고
다 된 일도 망쳐버리게 된다.

추위와 더위 가리지 않고
아침저녁으로 부지런히 일하면
무슨 일이든 성취하여
근심 걱정이 사라지게 된다.

—『잡아함경』

안 온 한
마 음

남을 해칠 마음을 갖지 말고
원한을 오래 품지 말라.

비록 화가 치밀더라도
화내는 마음으로 욕하지 말고
상대의 약점이나 단점을 들추지 말라.

언제나 정의로써
자기의 마음을 단속해보라.

안온한 마음,
대지를 품은 넉넉한 마음이 될 것이다.

　　―『범망경』

무 기 는
잘
있 는 가

창고 안에 갑옷과 무기를 닦아 두지 않으면
무기가 낡고 녹슬어 적군과 싸울 때 쓸 수 없다.

이처럼 마음도 닦아두지 않으면
다섯 가지 감관을 다스릴 수 없으므로
죽을 때 그 마음을 억제하기 어렵다.

　─『대장엄론경』

꽃 과
독 사

습한 땅에 잡초가 무성하듯
애욕의 습지에는 번뇌의 잡초가 무성하다.

애욕은 꽃밭에 숨은 독사와 같다.
사람들은 꽃을 탐해 꽃을 꺾다가
독사에게 물려죽을 것도 알지 못한다.

　　―『열반경』

4장

지혜로운 사람은 할 수 있는 일을 한다

이 기 고
이 기 라

지혜로써 어리석음을 이기고
정진으로써 게으름을 이기라.
욕됨을 참아 분함을 이기고
착함으로써 악을 이기라.
남에게 베풀어 인색함을 이기고
지극한 정성으로 거짓을 이기라.

―『법구경』

용 맹
정 진

만약 어리석음을 깨우치려고 한다면
오로지 굳은 결심으로
용맹스럽게 정진해야 한다.

젖은 나무는 센 불길로 태워야 하듯이
게으른 사람은 오로지 굳은 결심으로
용맹스럽게 정진해야 한다.

눈을 감고서는 보름달 빛도 볼 수 없듯이
게으른 사람이 진리를 찾는 것도 그와 같다.

　　　—『화엄경』

번 뇌 를
끊 는
방 법

자신의 마음에 드는 것에
집착하지 말아야 할 것이니
탐욕을 끊어버리기 위함이다.

마음에 거슬리는 것에
화내지 말아야 할 것이니
증오하는 마음을 없애기 위함이다.

현혹하려는 말에
집착하지 말아야 할 것이니
어리석음을 끊어버리기 위함이다.

　　―『잡아함경』

모 래 로
밥　짓 는
행 동

지혜 있는 사람의 행동은
쌀로 밥을 짓는 것과 같고
지혜 없는 사람의 행동은
모래로 밥을 지으려고 하는 것과 같다.

누구나 배고프면
먹을 줄은 알면서도
배워서 어리석은 마음을
바로잡을 줄은 모른다.

　　─『발심수행장』

애 착

애착하는 것이 있으면
좋고 나쁨을 가리게 되고
좋고 나쁨을 가리게 되면
더욱 애착하게 된다.
그래서 갈등과 번민으로부터
떠날 날이 없다.

애착으로 말미암아
욕심이 생기나니
자기를 잘 다스려
탐욕에 물들지 않도록 해야 한다.

—『아함경』

수 행 자 의
길

출가하여 수행자가 되는 것이
어찌 작은 일이랴.

편하고 한가함을 구해서가 아니고
따뜻이 입고 배불리 먹으려고 한 것도 아니며
명예나 재산을 구해서도 아니다.

오로지 생사의 괴로움에서 벗어나려는 것이며
번뇌의 속박을 끊으려는 것이다.
부처님의 지혜를 이으려는 것이며
고통 받고 있는 중생들을 건지기 위해서다.

—『선가귀감』

네 가 지
한 량 없 는
마 음

깨끗한 행동을 갖추려면
네 가지 한량없는 마음을 닦아야 한다.

모든 생명을 사랑하고
모든 생명을 불쌍히 여기며
모든 생명에게 기쁨을 주고
모든 생명에게 보시해야 한다.

　　—『열반경』

어 리 석 은
사 람 과
짝 하 지　말 라

차라리 혼자서 선을 행하라.
어리석은 사람과 짝하지 말라.
놀란 코끼리 제 몸을 보호하듯
차라리 혼자 있으며 악을 짓지 말라.

—『법구경 사유품』

천 년의
보 배

삼 일 동안 닦은 마음은
천 년의 보배이고
백 년 동안 탐한 물건은
하루아침에 티끌이 되고 만다.

어느 누구나 갈 때에
가지고 갈 수 있는 것은
닦은 마음뿐이다.

닦은 마음은
천 년의 보배가 되니
많이 가지고 갈 수 있도록
정진하고 또 정진하라.

　　―『범망경』

자 비 로 운
마 음

언제나 자비로운 마음에 머무르면
비록 악한 사람이 욕하더라도
바위처럼 고요히 흔들리지 않는다.

유능한 마부가 거친 말을 잘 다루는 것처럼
분노가 치솟아 올라올 때
그것을 잘 이겨내야 한다.

— 『아함경』

해 탈 의
길

진정한 수행자는
낮에는 부지런히 일하고
초저녁과 새벽녘에는 정진하며
밤중에는 경을 읽어
스스로 통달해야 한다.

잠은 될 수 있는 한 적게 자고
항상 무상의 불길이
모든 세상을 태우고 있음을 관찰하여
묵묵히 해탈의 길을 걸어가라.

　　―『불유교경』

자 기
체 험

수행자들이여!
법을 들었으면 반드시 실천해야 한다.
비록 많은 것을 들어 알지라도
자기 체험이 없으면
마치 장님이 등불을 들어 남을 밝혀주면서
자신은 앞을 보지 못하는 것과 같다.

—『대장엄론경』

지 혜 로 운
이 의
모 습

지나치게 인색하지 말고
화내거나 질투하지 말라.

이기심을 채우고자
정의를 등지지 말고
원망을 원망으로 갚지 말라.

위험에 직면하여 두려워 말고,
이익을 위해 남을 모함하지 말라.

객기 부려 만용하지 말고,
허약하여 비겁하지 말라.

이것이 지혜로운 이의 모습이다.

　—『잡보장경』

꽃이 좋으면
열 매 도
맛 있 다

항상 부드러운 말을 하고
칭찬하는 말을 하고
화합시키는 말을 하라.

말과 행동이 서로 일치하면
몸과 마음을 해치지 않는다.

비유하면 꽃이 좋은 나무가
열매도 맛있는 것과 같다.

—『수행도지경』

청 정 한
계 행

청정한 계행은 천상으로 인도하는 사다리다.
계율에서 벗어난 행동을 하면서
남의 복전이 되려고 하는 것은
마치 날개 부러진 새가 거북을 업고
하늘을 날려고 하는 것과 같다.

자기의 죄를 벗지 못하면서
어찌 남의 죄를 벗겨줄 수 있겠는가.

—『발심수행장』

무 지 의
때

행실이 옳지 못한 것은 마음의 때요
물건을 탐하는 것은 보시의 때요
악한 행동은 이 세상과 다음 세상의 때다.

그러나 이러한 때보다도
더 심한 때는 무지의 때다.

이 무지의 때를 씻어버리지 않으면
영혼의 새벽은 오지 않는다.

　　—『법구경』

지 도 자 와
수 행 자

훌륭한 지도자는 대중을 다스릴 때
항상 이치에 맞게 정도로써 다스려야 한다.

수행자는 비록 화가 치밀더라도
유능한 마부가 달리는 말을 멈추듯이
화를 잘 참아내야 한다.

　　—『범망경』

악 에
물 들 지
않 게   하 라

사랑이 있는 곳에
걱정이 생기고 두려움이 생긴다.
그러므로 사랑과 즐거움을 두지 않으면
걱정도 두려움도 없다.

사랑하는 사람은 못 만나서 괴롭고
미워하는 사람은 만나서 괴로우니
근심과 걱정 속에 착한 마음이 사라진다.

진실로 자기를 사랑하거든
국경을 튼튼히 지키듯 자기를 단속하여
악에 물들지 않게 하라.

　—『법집요송경』

진 실 은
거 짓 을
이 긴 다

성내지 않음으로써 노여움을 이기고
나누어 가짐으로써 인색함을 이기고
방생으로써 포악함을 이기고
좋은 일로써 악한 일을 이기고
진실로써 거짓을 이기라.

—『범망경』

선 지 식 을
따 르 면

선지식이 가르치는 대로 수행하면
불보살들이 환희하며
선지식의 말을 따르면
온갖 지혜를 갖춘 경지에 가까워진다.

선지식의 말에 의혹을 갖지 않으면
여러 선지식을 항상 만날 것이며
선지식을 가까이하고 떠나지 않으면
모든 이치를 알게 되느니라.

　　―『입법계품』

구 름 을
벗 어 난
달 처 럼

칼을 갈 때는 숫돌을 쓰고
재목을 다룰 때는 도끼를 쓰고
자신을 다룰 때는 지혜를 써야 한다.

게으른 사람도 마음을 다잡아 부지런해지면
구름을 벗어난 달처럼
세간을 밝게 비추리라.

　　―『잡아함경』

깨 달 음 의
가 능 성

깨달음의 가능성은 번뇌 속에 있다.
이 번뇌의 진흙 속에서
깨달음의 연꽃을 피워야 한다.

번뇌야말로 깨달음을
성취하는 데 더 없이 좋은 토양이다.

바다에 들어가지 않으면
진주를 얻을 수 없듯
이 번뇌의 바다에 들어오지 않으면
지혜의 보배는 얻을 수 없다.

　─『유마경』

스스로
바로잡으라

먼저 스스로 제 몸부터 바로잡고
다른 사람을 바로잡아야 한다.

만일 스스로 제 몸을 바로잡아서
번뇌가 들어오지 못한다면
이것을 지혜라 한다.

자신도 가르침을 받지 않으면서
어찌 남을 가르칠 수 있겠는가.

　　―『법집요송경』

마 음 의
네   가 지
병

마음에는 네 가지 병이 있다.

첫째는 탐욕과 음욕이고
둘째는 화내고 미워하는 것이며
셋째는 어리석음이며
넷째는 자만심이다.

그러므로 지혜로써
이 네 가지 병을 모두 없애야 한다.

　―『현겁경』

지 혜 가
없 는
사 람

아무리 좋은 재주와 학식이 있다고 하더라도
청정한 계행이 없는 사람은
좋은 곳으로 인도해도 가지 않는다.

또 아무리 부지런히 실천해도
지혜가 없는 사람은
분명히 동쪽으로 걸어갔지만
결과는 서쪽을 향해 걸어가는 것과 같이 된다.

— 『발심수행장』

성 공 의
법 칙

제자가 부처님께 물었다.
"세상 사람들은 제각기 직업을 가지고 사는데
어떤 이는 성공하고 어떤 이는 실패합니다.
그 이유는 무엇입니까?"

부처님이 말씀하셨다.
"어리석은 사람은
자기가 할 수 있는 일을 하지 않고
할 수 없는 일을 하려고 애쓴다.
그러나 지혜로운 사람은
할 수 없는 일은 하지 않고
할 수 있는 일에 온 힘을 바친다."

—『증일아함경』

5장

해탈의 맛

믿 음 과
계 율 과
지 혜

믿음이 있으면 도를 얻고
법을 행하면 열반을 이루며
아는 이 따르면 지혜를 얻는다.
그러한 사람은 어디를 가나 밝음이 있다.

믿음과 계율과 지혜가 있으면
화를 이길 수 있고
그럼으로써 깊은 못을 벗어난다.

　―『법구경 독신품』

선 행 의
근 본

자비심을 일으키면
한량없는 선행을 할 수 있다.
어떤 사람이 모든 선행의 근본이
무엇이냐고 물으면
자비심이라고 대답하라.

자비심은 진실해서 헛되지 않고
선한 행은 진실한 생각에서 나온다.
그러므로 진실한 생각은 곧 자비심이며
자비심은 수행자들의 마음이다.

　　—『열반경』

보 살 의
서 원

제가 만일 칼날 지옥에 가거든
그 칼날들이 모두 부러지게 하소서.

제가 만일 불길 지옥에 가거든
그 불길이 모두 꺼지게 하소서.

제가 만일 악귀의 세계로 가거든
악귀들의 악한 마음이 모두 사라지게 하소서.

제가 만일 짐승의 세계로 가거든
짐승들이 모두 무지의 잠에서 깨어나게 하소서.

　　─『천수경』

보 살

남이 내 뜻대로
순종해주기를 바라지 말라.

순종해주면 마음이 스스로 교만해지니
내 뜻에 맞지 않는 사람들로써 숲을 삼으라.

나를 비방하는 이들이 순종하도록
상대를 폭넓게 이해하는 이를
보살이라 부른다.

—『보왕삼매론』

진 정 한
수 행 자

진정한 수행자는 시간의 속박을 받지 않으며
생존의 제약도 받지 않는다.

또한 어떤 견해에도 끌려가지 않으며
어떤 지식에도 오염되지 않는다.

그리고 세상 사람들 사이에서 일어나는
저 갖가지 견해의 가시밭을
손쉽게 뚫고 지나가버린다.

　―『숫타니파타』

지 혜 로 운
사 람

욕설과 비방을 잘 참는 것은
지혜로움이니
높은 데 올라앉은 것과 같다.

욕설과 비방으로 지혜로운 이를
어찌하지 못하는 것은
큰 바위가 폭우에 맞아도
부서지지 않는 것과 같다.

지혜로운 사람은
괴로움과 즐거움을 만나도
흔들리지 않는다.

　—『잡보장경』

작은
보시

과거에 매우 가난한 사람이 있었는데,
그는 스님들에게 공양하고 싶었으나
공양할 재물이 없는 것을 안타까워하였다.
그래서 그는 들에 나가 꽃을 꺾어
스님들에게 뿌리면서 진심으로 예배하고 떠났다.

이 공덕으로 오랜 세월 동안
태어나는 곳마다 몸이 단정하였고
물건을 얻고자 하면 뜻대로 얻었으며
마침내 도를 이루었다.

그러므로 작은 보시를
복이 없다고 하며 가벼이 여기지 말라.
저 사람처럼 모든 것을 스스로 얻은 것과 같다.

　―『현우경』

깨달음의
경지

부지런히 노력하는 것은 깨달음의 경지다.
게으르고 나태한 것은 죽음의 길이다.
부지런히 노력하는 사람들은 영원하고
게으르고 나태한 사람들은 죽은 자와 같다.

부지런히 노력하는 것을 즐기며
게으르고 나태한 것을 두려워하는 수행자는
타락하는 일 없이
이미 열반 가까이에 있다.

　　―『법구경』

내적인
평화

긍정도 하지 말고 부정도 하지 말며
어떤 것도 고집하지 말고
어떤 것에도 구애받지 말라.

그 어디에도 의존하지 말고 고요히 가야 하며
생존에 대한 욕심을 갖지 말아야 한다.

이것이 바로 내적인 평화에의 길이다.

—『숫타니파타』

한 량 없 는
마 음

사랑하는 마음을 닦는 이는
탐욕을 끊게 된다.
연민의 마음을 닦는 이는
화내는 마음을 끊게 된다.
축복의 마음을 닦는 이는
괴로움을 끊게 된다.
버리는 마음을 닦는 이는
탐욕과 화와 차별하는 마음을 끊게 된다.

이 네 가지 한량없는 마음은
온갖 착한 일의 근본이 된다.

　　─『열반경』

불멸의
곳

이 세상을 살아가는 모든 중생들은
그 삶의 가치가 평등하다.

그렇기 때문에 진실한 지혜는
생사고해를 건너가는 튼튼한 배다.
무지를 밝히는 등불이며,
번뇌를 베는 날카로운 도끼다.

그래서 마땅히 듣고 생각하고 닦으며
스스로 정진해야 한다.

누구든지 지혜의 눈이 열리면
저 불멸의 곳을 보게 되리라.

　─『범망경』

흘 러 가 는
물 결   따 라

수도하는 사람은
마치 나무토막이 물에 떠서
물결 따라 흘러가는 것과 같다.

양쪽 기슭에 닿지 않고
소용돌이에 휩쓸리지 않는다면
마침내 바다에 닿을 것이다.

수행자들도 이와 같아서
탐욕에 빠지거나
그릇된 일에 휩쓸리지 않고
정진에만 힘쓴다면
반드시 뜻을 이룰 것이다.

— 『사십이장경』

집 착 하 는
마 음

사랑은 미움의 뿌리다.
사랑하는 사람도 만들지 말고
미워하는 사람도 만들지 말라.
사랑하는 마음이 커질수록
원망하는 마음도 함께 커진다.

내 것이라고 집착하는 마음이
괴로움을 일으키는 근본이 된다.
취하려는 생각이 없으면
마음이 편안하여 근심이 사라진다.

― 『법집요송경』

아 름 다 운   꽃 에
향 기 가
나 듯 이

아름다운 꽃이라도
향기 없는 꽃이 있듯이
아무리 좋은 가르침이라도
그것을 실행하지 않으면
열매가 맺지 않는다.

아름다운 꽃에 향기가 나듯이
좋은 가르침의 말씀은
그것을 실행하는 사람에게서
열매를 맺는다.

　―『법구경』

악 을 고 쳐
선 을 행 하 면

허물이 많으면서도
뉘우치지 않고 그대로 살아가면
죄업은 무겁게 쌓여만 간다.

그러나 허물이 있을 때
스스로 잘못된 줄 알고
악을 고쳐 선을 행하면
환자가 회복되어가듯
죄업이 저절로 없어진다.

　　　　―『사십이장경』

저 쪽 언 덕 으 로
건 네 주 는 사 람

강물에 빠져 급한 물살에
휘말려 떠내려가는 사람은
다른 사람이 물살에 휘말려갈 때
저쪽 언덕으로 건네줄 수 없다.

이와 마찬가지로
진리를 제대로 알지 못한 사람은
다른 사람의 마음을 움직일 수도 없고
깨달음의 세계로 인도할 수도 없다.

─『범망경』

믿 음 과
실 천

믿음은 험한 바다를 능히 건너가게 하니
믿음은 마음을 다스리는 뱃사공이다.

부지런히 노력하여 괴로움을 없애고
지혜로써 피안(彼岸)에 도달하라.

믿음과 실천이 있는 사람은
모든 굴레에서 벗어난다.

　　―『법구비유경』

가 장 바 른
삶

살아있는 것들을
더 이상 괴롭히지 않는 사람,
모든 의심을 버리고
고통의 화살을 뽑아버린 사람,
자신의 분수를 잘 아는 사람,
진리를 터득한 사람,
이러한 사람은 세상에서
가장 바른 삶을 살고 있는 것이다.

―『숫타니파타』

쉼 없는
정 진

물방울이 바위를
뚫는 것처럼 정진하라.

부지런히 정진해가면
마침내 열반의 경지에 이르게 된다.

작은 물방울이라도 쉬지 않고 떨어지면
마침내 바위를 뚫는 것처럼….

　―『범망경』

쉬 지   않 고
화 살 을
쏘 면

과녁을 향하여 화살을 쏘면
위에 맞는 것도 있고
옆에 맞는 것도 있다.
하지만 쉬지 않고 화살을 쏘면
마침내 과녁의 중앙을 맞히게 된다.

이와 같이 게으름에 빠지지 않고
잡념을 없애면
마침내 도를 증득할 것이다.

　　―『불반니원경』

좌 선

좌선이란
몸과 마음의 작용이
삼계에 드러나지 않는 것이다.

진리의 법을 버리지 않으면서도
세속의 일상생활을 하는 것이 좌선이며,
마음을 닫고 고요함만 추구하지 않으면서도
밖을 향하여 혼란하지 않은 것이 좌선이다.

번뇌를 끊지 않고
열반에 드는 것이 좌선이다.

　　　―『유마경』

수 식 관

한적한 곳에 앉아(좌선)
마음을 고요히 한 후,
날숨과 들숨을 헤아려
열까지 이르게 한다.

하나, 둘 세다가
만일 마음이 어수선해지면
다시 하나부터 헤아려
열까지 이르게 한다.

이와 같이 밤낮으로 하면
마침내 마음이
산란하지 않게 된다.

이것을 수식관이라 한다.

　　—『수행도지경』

등 불

자신을 등불로 삼고
법(진리)을 등불로 삼으며
다른 것을 등불로 삼지 말라.

자신을 귀의처로 삼고
법을 귀의처로 삼으며
다른 것을 귀의처로 삼지 말라.

—『잡아함경』

번뇌의
소멸

장인이 도끼자루를 꾸준히 잡으면
자루에 손가락 자국이 새겨진다.
그러나 장인은 그것을 깨닫지 못한다.

이와 같이 열심히 닦고 익히면
오늘은 얼마큼 번뇌가 없어지고
내일은 얼마큼 번뇌가 없어지는지
스스로 알지 못하지만
마침내 번뇌는 없어질 것이다.

—『잡아함경』

잘
길 들 여 진
코 끼 리

잘 길들여진 코끼리는
아무리 무거운 짐을 나를지라도
그 때문에 지치는 일이 없다.

그와 마찬가지로 마음을 잘 닦은 보살은
모든 중생의 무거운 짐을 나를지라도
힘들어서 지치지 않는다.

—『보적경』

해 탈 의
맛

연꽃은 진흙 속에 살면서도
진흙에 더럽혀지지 않듯이
보살은 세속에 살면서도
세속의 일에 때 묻지 않는다.

사방에서 흐르는 여러 강물도
바다에 들어가면 모두 짠맛이 되듯이
여러 가지 일을 통해 쌓은 보살의 선행도
중생의 깨달음에 회향하면
해탈의 맛이 된다.

　　─『보적경』

6장

최상의 행복

마 음 의
평 화

바람이 솜을 저 멀리 날려보내듯
진정한 행복을 추구하는 사람은
번뇌의 화살을 뽑아버린다.

불만에 찬 화살을 뽑아버린 사람은
마음의 평화를 얻고
더없는 축복의 경지에 이르게 된다.

　　―『숫타니파타』

분 한
마 음

참는 마음은 분한 마음을 이길 수 있고
선행은 악행을 이길 수 있다.

분한 마음을 안고 있는 사람이
끝내 그 마음을 버리지 않는다면
스스로 건강과 행복을 얻을 수 없다.

　―『법집요송경』

절 망 과
고 통
속 에 서

수많은 단련으로 명검이 만들어지듯
비 온 뒤에 땅이 더 굳어지듯
시련이 없으면 성공도 오지 않는다.

절망 속에서 희망을 찾고
고통 속에서 행복을 찾아야 한다.

　　—『범망경』

오 늘 ,
지 금 ,
여 기 에 서

돌이킬 수 있는 것이라면
불행을 느낄 이유가 어디 있겠는가?

돌이키지 못할 것이라면
불행을 느낀들 무엇하겠는가?

과거의 일로 괴로워하지 말고
미래의 일로 두려워하지 말라
오늘, 지금, 여기에서 최선을 다하라.

　―『입보리행론』

영 웅

전쟁터에 나가 수천의 적을 이긴다 해도
스스로 자기를 이기는 것만 못하다.

자기를 이기는 것이 가장 현명한 것이니
그 사람을 영웅이라 한다.

마음을 단속하고 몸을 길들여
모든 것을 털어낼 수 있을 때
최고의 경지에 이른다.

　　—『법구경』

언 젠 가 는

맷돌이나 숫돌이
닳는 것은 보이지 않지만
언젠가는 다 닳아 없어진다.

나무를 심으면
자라는 것이 보이지 않지만
어느새 자라 큰 나무가 된다.

하루하루 꾸준히
수행에 정진하다 보면
어느샌가 그 수행은 깊어져
마침내 저 불멸의 곳에 이르게 된다.

　　―『선림보훈』

빛 과
어 둠

높은 곳에 있는 이는
반드시 위태로움이 있고,
보물을 모은 이도
반드시 궁색할 때가 있다.

사랑하는 이들에겐 이별이 있고
태어난 이들에겐 죽음이 따르며
빛은 반드시 어둠을 동반한다.

　　—『열반경』

니 르 바 나 의
체 험

이 세상 전체가 그대로
진리의 나타남이다.
진리는 '이 세상'이라는
구체적인 현상으로 나타났다.

그러므로 이 세상의 본질은
니르바나(열반)이다.

마음이 순수한 상태에 머물면
그것이 바로 니르바나의 체험이다.

─ 『헤바즈라 탄트라』

무 소 의
뺄 처 럼
혼 자 서　가 라

큰 소리에 놀라지 않는 사자와 같이
그물에 걸리지 않는 바람과 같이
흙탕물에 더럽혀지지 않는 연꽃과 같이
무소의 뺄처럼 혼자서 가라.

　—『숫타니파타』

독 의
근 본

성내는 마음을 없애면
안온하고 후회가 없다.

성냄은 독의 근본이어서
모든 선근을 없애버린다.

성냄을 없애면
모든 부처님들께서 칭찬하고
근심이 없어지며
하고자 하는 일이 이루어진다.

　　―『대지도론』

사 람 의
생 각

사람의 생각은 걸림이 없기 때문에
어디든지 갈 수 있다.

그러나 어디를 간다고 하더라도
자신보다 소중한 것을 찾아낼 수는 없다.

또한 자신이 소중한 것을 아는 자는
다른 사람을 해쳐서는 안 된다.

　　―『상응부경전』

편 안 한
사 람

아무것도 가진 것이 없는 사람,
모든 사물에 이끌리지 않는 사람,
어느 곳에도 머무르지 않고
사랑하거나 미워함도 없는 사람,
마치 연꽃에 진흙이 묻지 않는 것처럼
그는 참으로 '편안한 사람'이다.

　—『숫타니파타』

초월의
삶

욕망의 누더기를 벗어버리고
훨훨 날듯이 살아가는 사람,
삶과 죽음으로부터 초월하여
편안한 곳으로 돌아가
맑고 푸르기가 호수 같은 사람,
그에게는 무한히 솟구치는 지혜가 있어
이 세상 어떤 것에도 물들지 않는다.

―『숫타니파타』

보 살 의
행

생사의 세계에 머무르면서도
물들지 않고
열반의 세계에 있으면서도
생사의 바다에 머무르는 것이
보살의 행이다.

모든 중생을 사랑하면서도
그 애정에 집착하지 않는 것이
보살의 행이다.

— 『유마경』

진 실 한
수 행 자

진실하게 수행하는 사문이란
어떤 사람인가.

그는 진리에 귀의하고
사람에게 귀의하지 않는다.

번뇌로부터의 해탈을
안으로 구하고
밖으로 찾아 헤매는 일이 없다.

모든 존재의 본성이
열반의 상태에 있음을 알아
윤회에 유전하지도 않고
열반에 안주하지도 않는다.

　―『보적경』

삶 과
죽 음

삶은 불확실한 인생의 과정이지만
죽음은 틀림없는 인생의 마무리이기 때문에
보다 엄숙할 수밖에 없다.

삶에는 한두 차례 시행착오가 용납될 수 있다.
그러나 죽음에는 그럴 만한 시간적인 여유가 없다.
그러므로 잘 죽는 일은
바로 잘 사는 일과 직결되어 있다.

　　　—『본생경』

공 경 할
만 한
사 람

이 세상에는 섬기고 공경할 만한
일곱 종류의 사람이 있다.

사랑하는 마음을 가진 사람,
연민하는 마음을 가진 사람,
남을 기쁘게 하는 사람,
남을 보호하고 감싸는 사람,
집착하지 않고 마음을 비운 사람,
부질없는 생각을 하지 않는 사람,
바라는 것이 없는 사람이다.

　　—『증일아함경』

지 혜 로 운
삶

태산 같은 자부심을 갖고
누운 풀처럼 자기를 낮추어라.

역경을 참아 이겨내고
형편이 잘 풀릴 때를 조심하라.

재물을 오물처럼 볼 줄도 알고
터지는 분노를 잘 다스릴 줄도 알라.

이것이 지혜로운 이의 삶이니라.

　　―『잡보장경』

칭 찬 의
메 아 리

거울 앞에서 웃으면
거울 속의 사람도 웃는다.

거울 앞에서 찡그리면
거울 속의 사람도 찡그린다.

칭찬을 하면 칭찬의 메아리가 돌아오고
비난을 하면 비난의 메아리가 돌아온다.

상대가 발끈할 때 냉정할 수 있어야
지혜롭고 성숙한 사람이다.

싸울 가치가 없는 싸움에는
대적하지 않는 것이
자신을 이기고 상대도 이기는 것이다.

—『범망경』

인 생 은
잠 깐 이 다

구도심이 없는 정진은 사람을 게으르게 하고
정진을 너무 급하게 하면 몸이 상한다.

이는 거문고를 탈 때
그 줄을 너무 조이거나 느슨하게 하면
맑은 소리가 나오지 않는 것과 같다.

이 목숨은 무상하고 인생은 잠깐이다.
부지런히 닦아 저 불멸의 곳으로 가라.

　　　—『시가라위경』

어 리 석 은
사 람

지나간 일을 슬퍼하지 말고
미래의 일을 바라지 말라.

다만 현재에 충실해야
아름다움이 빛난다.

미래의 일을 바라고
과거의 일을 슬퍼하기 때문에
어리석은 사람은 바싹 마른다.
마치 바람에 꺾인 갈대처럼.

　　─『본생경』

진 실 한
말

자기를 괴롭히지 않고
남 또한 해치지 않는 말을
진실한 말이라 한다.

부드럽고 사랑스런 말로 남을 기쁘게 하고
칭찬하는 말로 모든 잘못을 덮는다면
괴로움의 바다를 벗어난다.

진실한 말을 하면
현세와 내세에 큰 이익을 얻을 것이요,
진실만을 말하는 이를
진정한 대장부라고 한다.

　　　—『잡아함경』

깨 어 있 는
사 람

마음은 용감하게
생각은 신중히
행동은 깨끗하고 조심스럽게 하라.

스스로 자제하여 법에 따라서 살며
부지런히 정진하는 사람은
영원히 깨어있는 사람이다.

　　—『법구경』

연 민 의
마 음

남을 속여서도 안 되고
괴롭히거나 고통을 주어서도 안 된다.

어머니가 자식을 보호하듯
살아있는 모든 생명체에 대해서
한없는 연민의 마음을 가져야 한다.

언제 어디서라도
이 연민의 마음을 굳게 지녀야 한다.

　─『숫타니파타』

진 흙 에
빠 진
코 끼 리

항상 새벽처럼 깨어있고
부지런히 노력하는 것을 즐기라.

그것은 자신의 마음을 지켜
자신을 위험한 곳에서 구출하는 것이다.
진흙에 빠진 코끼리가 그 자신을 끌어내듯이.

　　―『법구경』

최 상 의
행 복

다른 이를 존중하고 스스로 겸손하며
만족할 줄 알고 은혜를 생각하며
시간이 있을 때면 가르침을 듣는 삶,
이것이 최상의 행복이다.

청정한 행을 닦아 불멸의 진리를 깨닫고
마침내 열반을 이룰 수 있으면
이것이 인간에게 최상의 행복이다.

　　―『대길상경』

아무리 좋은 가르침이라도
그것을 실행하지 않으면
열매가 맺지 않는다.

아름다운 꽃에
향기가 나듯이
좋은 가르침의 말씀은
그것을 실행하는 사람에게서
열매를 맺는다.

최상의 행복

중앙승가대학교 총장 원종 스님이 가려뽑은
시가 되는 경전 구절

© 원종, 2020

2020년 5월 30일 초판 1쇄 발행

엮은이 원종 • 사진 유동영
발행인 박상근(至弘) • 편집인 류지호 • 상무이사 양동민 • 편집이사 김선경
편집 이상근, 김재호, 양민호, 김소영 • 디자인 쿠담디자인
제작 김명환 • 마케팅 김대현, 정승채, 이선호 • 관리 윤정안
펴낸 곳 불광출판사 (03150) 서울시 종로구 우정국로 45-13, 3층
　　대표전화 02) 420-3200 편집부 02) 420-3300 팩시밀리 02) 420-3400
　　출판등록 제300-2009-130호(1979. 10. 10.)

ISBN 978-89-7479-814-7 (03220)

값 16,000원